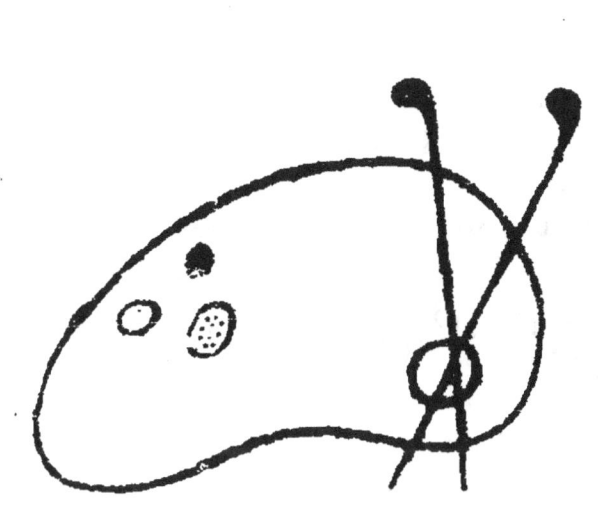

Début d'une série de documents
en couleur

PORTAIL ET VITRAUX

DE L'ÉGLISE

NOTRE-DAME D'ALENÇON

NOMENCLATURE DES PEINTRES, PEINTRES-VITRIERS
AUX QUINZIÈME ET SEIZIÈME SIÈCLES
A ALENÇON

PAR

Mᴹᴱ G. DESPIERRES

MEMBRE CORRESPONDANT DU COMITÉ DES SOCIÉTÉS DES BEAUX-ARTS

PARIS

TYPOGRAPHIE DE E. PLON, NOURRIT ET Cⁱᵉ

RUE GARANCIÈRE, 8

—

1891

PARIS

TYPOGRAPHIE DE E. PLON, NOURRIT ET Cie,

Rue Garancière, 8.

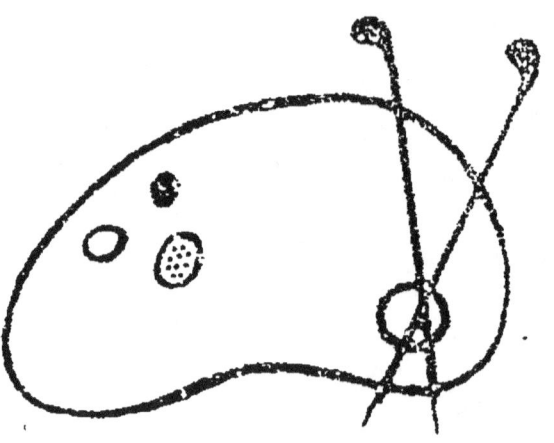

Fin d'une série de documents
en couleur

PORTAIL ET VITRAUX

DE L'ÉGLISE

NOTRE-DAME D'ALENÇON

NOMENCLATURE DES PEINTRES, PEINTRES-VITRIERS

AUX QUINZIÈME ET SEIZIÈME SIÈCLES

A ALENÇON

PAR

Mme G. DESPIERRES

MEMBRE CORRESPONDANT DU COMITÉ DES SOCIÉTÉS DES BEAUX-ARTS

PARIS

TYPOGRAPHIE DE E. PLON, NOURRIT et Cie

RUE GARANCIÈRE, 8

1891

Ce mémoire a été lu à la réunion des Sociétés des Beaux-Arts des départements, à l'École des Beaux-Arts, dans la séance du 23 mai 1891.

PORTAIL ET VITRAUX

DE

L'ÉGLISE NOTRE-DAME

NOMENCLATURE DES PEINTRES, PEINTRES-VITRIERS

AUX QUINZIÈME ET SEIZIÈME SIÈCLES

A ALENÇON

A la dernière session des Sociétés des Beaux-Arts, nous avons fait connaître le devis-marché des stalles et de la clôture du chœur de l'église Notre-Dame d'Alençon passé en 1531, et nous avons donné les noms de quelques menuisiers-imagiers du commencement du seizième siècle. Cette année, le travail que nous présentons, suivi de la nomenclature des peintres-verriers aux quinzième et seizième siècles à Alençon, traitera encore de l'église Notre-Dame.

Nous serons heureuse de pouvoir citer dans ce mémoire les noms complètement ignorés de ceux à qui l'on doit attribuer l'élégant portail de cet édifice et quelques-unes de ses riches verrières ; cela nous semblera d'autant plus intéressant que le portail et les brillants vitraux des hautes fenêtres de la nef font encore aujourd'hui, avec le splendide buffet d'orgue, l'admiration de tous.

D'après l'abbé Gautier [1], l'église Notre-Dame aurait été élevée sur les ruines de l'ancienne chapelle du prieuré [2].

Il est vraisemblable que la nef fut construite sur l'emplacement même d'un ancien édifice religieux. La découverte de cercueils de pierre tend à nous faire admettre que, bien anté-

---

[1] *Histoire d'Alençon*, p. 180, édit. de 1805.
[2] L'église Notre-Dame d'Alençon fut d'abord desservie par les moines de Notre-Dame de Lonlai. (ODOLANT-DESNOS, *Mémoire historique sur Alençon et ses seigneurs*, t. I, p. 39.)

rieurement au quinzième siècle, on avait inhumé dans cet endroit.

On sait qu'autrefois les cimetières étaient placés près des églises, qui servaient elles-mêmes à la sépulture des personnes de qualité, des bourgeois qui consentaient à payer un certain droit[1], et des personnes distinguées par leur piété. Or, en 1558, « en fai- « sant la fosse de la veufve de maistre Guillaume Davarant il fut « trouvé dans le mitan de l'eglise deux vieilz cercueils de pierre de « Hertré (granit) lesquels par l'advis de Monsr le curé, son vicaire, « maistre Richard Roussel, Jehan Duval et plusieurs autres bour- « geois furent ostez de la dite fosse pour estre transportez au cime- « tière; mais en les tirant de la fosse ils furent rompus et on les « vendit à maistre Pierre Duval la somme de cinq sols[2] ». Il est regrettable qu'alors on n'ait pas examiné ou même conservé ces vieux cercueils de pierre : leur forme nous eût peut-être assigné une date précise; mais nos aïeux ne se piquaient pas de curiosité archéologique.

La nef a été construite dans la première moitié du quinzième siècle; si l'on en croit Odolant-Desnos, l'architecte en fut Jean Tabur l'aîné[3].

Elle fut terminée avant 1444, puisque, à cette date, nous trou- vons dans les registres de Notre-Dame des dépenses faites pour les fonts baptismaux, l'horloge[4], le pupitre de l'église et la couver- ture du clocher[5].

[1] On payait ordinairement « 30 sols pour la fosse d'un homme, 25 sols pour celle d'une femme et 15 sols pour celle d'un enfant ». (Comptes de Notre-Dame, Archives de l'Orne.)

[2] Comptes de l'église Notre-Dame, 1558. (Archives de l'Orne.)

[3] ODOLANT-DESNOS, *Mémoire historique sur Alençon et ses seigneurs*, t. I, p. 41.

[4] Payé à Jean Chesnel « pour ung trepie de fer a soustenir les fons sept sols six deniers. — A Jehan Joucenne pour avoir rapareille lorloge fait une crouezee et avoir des roës qui estoient uzes, 25 sols. » (Comptes de Notre-Dame, 1444, Archives de l'Orne.)

[5] D'après une petite gravure ancienne, le premier clocher de l'église Notre- Dame était très élégant. En 1444, nous trouvons pour sa réparation la note sui- vante : « Payé à Guillot Dumesnil et André Daumerée pour avoir esté a Javron « achepter XIII mil. dardoises pour le clocher 18 sols. — A Guillot Berard pour « XVIe de lambris pour la dite réparation 100 sols. — A Guillaume Perrier et « Perrin Letessier de Javron pour les XIII mil. d'ardoises 31 livres 5 sols. — « A Michel Collet et Guillot Julien pour chacun une journée quilz ont servy de « leur mestier de saïer au long le boys a faire les lucarnes du dit clocher 6 sols. « — A André Daumeree pour sa peine et tourment davoir couvert le dit clocher « 13 livres. — Au dit André pour 30 livres de plom pour plomber les lucarnes « 37 sols 6 deniers. — Au dit André pour avoir plombé les noz des lucarnes ce « qui nestoit pas dans le marche 20 sols. — A Pierre Cheron pour 12000 de clou « a ardoise et a lambris a 12 sols 6 deniers le mille 7 livres 16 sols 3 deniers et

En 1475, le bas côté gauche qui longe le cimetière[1] était édifié, et Pierre Chançai, religieux de l'abbaye de Lonlai, donnait par échange, le dernier jour de septembre 1475, le terrain nécessaire « pour faire une aelle et accroissement en la dite esglise de Notre-« Dame, du costé du prieuré telle et semblable que est laccrois-« sement que de nouvel a esté faict en la dicte esglise du costé du « cimetiere ». Cette donation fut ratifiée le 8 juillet 1477[2]. Les deux bas côtés furent donc élevés de 1450 à 1490 environ, puisque, d'après l'acte d'échange, l'aile du côté de l'Épître commencée en 1475 devait être semblable à celle qui de « *nouvel avait été faite* ».

C'est alors que commença l'embellissement de la façade antérieure de l'église. Pour masquer la simplicité du pignon de la nef, on éleva un superbe portail gothique remarquable par son élégance et la légèreté de ses ornements.

Il est composé de trois arcades surmontées de triangles. La plus grande forme l'entrée principale de l'église. Sur ces arcades courent des galeries à jour ou claires-voies et autres ornements hérissés d'aiguilles du plus charmant effet.

En 1506, les travaux étaient en pleine activité. De 1506 à 1508, la somme des dépenses représentant le prix des journées des maçons s'éleva à 330 livres 9 sols 3 deniers, répartis entre eux comme il suit :

« pour 203 quartrons de clou a plancher ung grand clou et une cheville 9 sols. « — A Michel Tabur pour despence faicte en marchandant avec le dit André « 3 sols... etc. » Toute la dépense s'est élevée à 157 livres 16 sols 11 deniers pour la réparation du clocher. (Comptes de l'église.) Ce clocher fut remplacé, après l'incendie de 1744, par un gros et disgracieux clocher construit sur les dessins de M. de Perronnet, alors ingénieur à Alençon.

[1] Sur l'emplacement du cimetière, il existe aujourd'hui une place qui sert de marché.

[2] Devant les tabellions d'Alençon, le 8 juillet 1477, « Estienne Blosset com-« mandataire de l'abbaye de Notre-Dame de Lonlai dioceze du Mans et tout le « couvent ont loué et ratifie et ont pour agréable ce que frère Pierre Chançai « religieux de la dite abbaye et prieur de la prieure d'Alençon a faict et baillé « par manière d'echange aux habitans dycelle ville tel heritage de son prieuré « leur est necessaire pour faire une aelle et accroissement en la dite eglise Notre-« Dame du coste du dit prieuré telle et semblable que est laccroissement que de « nouvel a este faict du coste du cimetière ».

Les moines eurent en échange « dix sols de rente à prendre sur une maison « assise près léglise Notre-Dame et baillée au dit prieur en recompense de la « portion de terrain prise pour l'accroissement de l'eglise ». (Inventaire des titres de Notre-Dame, Archives de l'Orne.)

Prix des journées[1] :

« A Jehan Lemoyne maistre maçon conducteur de lœuvre de la
« dite église 5 sols — A Jehan Fleury 3 sols 4 deniers — A Michel
« Lemercier 3 sols — Sanxon Vigné 2 sols 9 deniers — Benoît
« Hubelin 2 sols 6 deniers — Guillaume Lestringuant — Jehan
« Lebel — Pierre Ribot — Colin Seguret 2 sols — Le Varlet de
« Lemoyne 2 sols. »

De 1508 à 1510, les mêmes maçons touchèrent 333 livres 9 sols.
(Les registres de 1510 à 1514 manquent.) Celui de 1514 à 1516
nous apprend qu'il fut dépensé 320 livres 2 sols 4 deniers, et qu'au
mois de mai 1514 s'est adjoint aux précédents ouvriers Julien Lindey. Jean Lemoyne reste toujours « conducteur de l'œuvre » et
reçoit des trésoriers comme don, chaque année, la somme de
100 sols au terme de Pâques.

Au mois de décembre 1514, Jean Fleury et Benoît Hubelin
touchèrent 7 livres 10 sols pour « l'ammortissement du premier
pilier et autres pierres de taille[2] ».

Le 11 novembre 1515, « Jehan Fleury, Benoist Hubelin et Julien
« Lindey s'engagent à faire la taille de ung pillet (pilier) et la table
« de l'arche et dalles de Hertre et toute taille nycaysayre (néces-
« saire) jouxte seluy qui est prochain en la forme et manière de
« ycelui qui est entre la prochaine arche du portail et celuy quilz
« doyvent parfayre jouxte le devis plus a plan declare. Es presences
« de honnêtes hommes maistre Nicolle Pilloys, François Broussard,
« maistre Jehan Le Vilain, Monsr le lieutenant Jehan Regnauldin et
« autres, et pour ce payer la somme de 27 livres 10 sols et ung pot
« de vin. »

Au mois de janvier suivant, « aultre tache baillée à Jehan Fleury,
« Benoist Hubelin et Julien Lindey, scavoir est quils doyvent
« faire les cleres-voyes qui se mectes dessus le segont pillet et
« portion de cleres-voyes et murs qui servent de goutieres[3] a
« mettre sur larc boutant prochain du portail de devers le semetiere.

---

[1] Nous avons relevé le prix des journées des maçons dans un registre des
comptes de Notre-Dame de 1506 à 1508. Il nous a été impossible d'en consulter
d'autres, attendu qu'il n'existe aux Archives de l'Orne qu'un seul registre qui lui
soit antérieur, celui de 1444.

[2] Amortissement ou ornement pyramidal qui termine les piliers.

[3] Des gargouilles provenant des carrières de Rouessé-Fontaine (Sarthe) furent

« Le dit marche faict pour la somme de 4 livres 10 sols et ung pot
« de vin. Es presence de Jehan Thorel et du maistre maçon. »

La construction du portail de Notre-Dame fait honneur à nos
travailleurs alençonnais du seizième siècle, Jean Fleury [1], Benoît
Hubelin [2], et surtout à Jean Lemoyne, conducteur de l'œuvre [3].

Ce dernier, déjà connu dans la région, avait contribué à l'édification de l'église Saint-Germain d'Argentan, comme l'indique
l'inscription suivante gravée sur un pilier :

Mil quatre cent quatre vingt huit
Par Jehan Lemoyne bon maçon
Ce pilier icy construict
Dieu pardonne la mal façon
Et fit faire Guy Pitart
Des biens que Dieu lui a donnez
Aux quels sa femme avait part... etc.

Le titre de *conducteur de l'œuvre* donné à Jean Lemoyne indique
suffisamment la part qu'il prit à l'édification du riche portail de

placées de 1506 à 1520 et payées onze sols chacune. (Comptes de Notre-Dame,
Archives de l'Orne.)

Les pierres nécessaires à la construction du portail de l'église étaient prises à
« Ancinnes, Thoirré, Oysseau (Sarthe), Cuissé (Orne), etc. ».

Le 14 octobre 1508, nous extrayons ce qui suit des registres du tabellionnage
d'Alençon : « Robert Juglard de Cuissay et honnête homme Jehan Chesnel le
« jeune, trésorier et fabriqueur du tresor et fabrique de l'eglise paroissialle de
« Notre-Dame d'Alençon en la compagnie de Messire Pierre Loret prestre, au
« nom du dit tresor firent contrat et marche en la maniere qui ensuict : le dit
« Juglard baille et loue a ferme pour trois ans commençant a la toussaint prochai-
« nement venant ung lieu situe paroisse de Cuissey nomme les Routis a lenton-
« noir appartenant au dit Juglard pour au dit lieu prendre tirer et lever pour et
« au profit du dit tresort la pierre pour employer en louvrage de la dite eglise et
« ailleurs ou ils adviseront bon estre et ce faict pour payer 30 sols par an. »
(Tabellionage d'Alençon.)

[1] Jehan Fleury, bourgeois d'Alençon, avait épousé Mariette Lemoyne, fille de
« Maistre Jehan Lemoyne maçon, et de Jehanne sa première femme. » Jean Fleury
est décédé à Alençon en octobre 1558.

[2] Benoist Hubelin, bourgeois d'Alençon, fils de Guillaume Hubelin et de Mar-
tine Bigot, avait épousé Anne Lemoyne, fille de Jehan Lemoyne, maçon. Benoît
Hubelin fit beaucoup de constructions à Alençon. Le 20 janvier 1534, il s'engageait, avec Jehan Fleury son beau-frère, à « terminer la dernière chapelle de
« l'église Saint Léonard d'Alençon, laquelle avoit été commencée par Jehan Lamy
« a present défunt ». Benoît Hubelin est décédé vers 1573. Son fils, Antoine
Hubelin, embrassa la profession de son père. (Tabellionage d'Alençon.)

[3] Jehan Lemoyne, bourgeois d'Alençon, maistre maçon conducteur de l'œuvre

Notre-Dame, car il est constant qu'aux quinzième et seizième siècles ce titre correspondait à celui d'architecte employé dans les siècles suivants [1].

Il ménagea des niches au-dessus des portes et dans les piliers du portail de l'église, afin de pouvoir y placer des « images de saints ». Enfin les trois triangles ou partie supérieure de la plus grande arcade furent agrémentés de six statues qui se détachent nettement au milieu de fines dentelures.

Quatre d'entre elles furent placées en 1508, ainsi que nous l'indique la note suivante : « Payé as compaignons qui ont levé et assis quatre ymaiges d'apostre au portail pour deux pots de vin, troys sols [2]. »

Nous ne savons à quels artistes doivent être attribués ces *quatre images d'apostre,* n'ayant rien trouvé de certain à ce sujet. Mais nous savons qu'il y avait à Alençon, au commencement du seizième siècle, entre autres artistes, les Fourmentin, les Pissot, les Gruel, etc., qui avaient dû être formés par les menuisiers-imagiers du quinzième siècle, Jehan Buheré [3], Jehan Jouenne et Pierre Bouroche.

Jean Buheré, imagier, est décédé avant 1500. Jean Jouenne prenait encore comme apprenti, le 13 janvier 1501, Jean Marette, afin de lui montrer pendant deux ans « son mestier de *en pierre blanche et de menuserie* ». Il est certain, d'après ce qui précède, que Jean Jouenne travaillait le bois et la pierre, ainsi que le firent en 1531 Jean Juliotte et Guillaume Gruel [4].

---

de l'église Notre-Dame, époux en secondes noces de Jeanne, veuve de Martin Baudore, serrurier d'Alençon, est décédé en 1522. Le 26 décembre 1521, il faisait partage, avec ses gendres et ses filles, des biens situés à Alençon et « provenant de defunte Jehanne sa première femme » ; et, le 12 mai 1523, Jehan Fleury, Benoist Hubelin, Jehan Ferrant, Jehan de Beauchesne, au nom de leurs femmes, firent quatre lots des héritages de défunt « Jehan Lemoyne maistre maçon de l'œuvre de l'eglise Notre-Dame d'Alençon; heritages situés ruelle des Perrières et maisons rue de La Motte » (aujourd'hui rue Étoupée)... (Tabellionage d'Alençon.)

[1] *Compte rendu de la 12ᵉ session des Sociétés des Beaux-Arts :* Mémoire de M. JARRY sur *la construction de Chambord,* p. 97, 99, 102 et 103; Mémoire de M. FINOT sur *Louis Van Boghem, architecte de l'église de Brou,* p. 206, etc.

[2] Comptes de l'église Notre-Dame, livre de 1506 à 1508. (Archives de l'Orne.)

[3] « Payé à Jehan Buheré, ymagier, la somme de 9 livres sur ce qui lui est du « pour le pourpistre. » (Comptes de Notre-Dame, 1444, Archives de l'Orne.)

[4] Jehan Juliotte et Guillaume Gruel, menuisiers-imagiers, s'engageaient, le

Nous ignorons la date de la mort de Jean Jouenne, mais elle est postérieure à l'année 1510.

Doit-on lui attribuer les quatre statues placées en 1508? Nous n'oserions l'affirmer. Cependant il est présumable que Jean Lemoyne utilisa le talent de cet artiste pour la décoration de la plus grande arcade du portail, qui semblait être finie en 1508, puisque l'on y plaçait ces quatre statues, complément de l'œuvre.

Les travaux extérieurs n'étaient pas encore terminés que les administrateurs s'occupaient déjà de la décoration intérieure de l'église [1]. Dès avant 1506, des orgues y étaient établies. Étienne de Varenne, organiste, recevait, en 1506, 57 livres 17 sols 6 deniers pour la réparation des orgues nouvellement faites en cette église [2] et 100 sols pour deux années de ses gages comme

---

5 juin 1531, envers le curé de Pacé, à faire « deux statues l'une en pierre et « l'autre en boys pour mettre des deux costes de l'autel ». (Tabellionage d'Alençon.)

[1] Des bancs avaient été placés dans l'église pour la commodité des paroissiens; là, moyennant une minime redevance, ils pouvaient assister aux offices. Si faible que fût la somme réclamée par les trésoriers, elle ne fut certes pas étrangère au peu de succès de cette innovation; les registres de Notre-Dame nous montrent que le vieil usage prédomina longtemps encore; « pas un coffre ne fut loué pendant dix ans ». En 1516, deux seulement trouvèrent amateur à raison de 2 sols 6 deniers chacun; puis il fut permis à quelques bourgeois de mettre des sièges dans l'église : en récompense ils donnaient soit du linge, soit des tableaux. Le plus grand nombre des paroissiens restait debout ou à genoux sur les dalles de l'église.

Aux jours de fête, le pavé était couvert de paille, de jonc ou de feuilles vertes, et, au moment du carême, il était transporté des pierres dans l'église pour permettre aux paroissiens « de mieulx ouir le prédicateur pendant les prédications du carême ».

En 1558, on trouve encore dans les dépenses de l'église Notre-Dame la note suivante : « Payé troys sols six deniers pour oster les pierres qui ont este appor- « tees pendant le caresme et qui empechaient de dresser les tables de commu- « nion. » (Comptes de Notre-Dame, Archives de l'Orne.)

[2] Nous lisons dans le Registre de Notre-Dame de 1506 à 1508 : « Despence « pour la réparation des orgues jouxte une petite étiquette baillée par Maistre « Estienne de Varenne ainsi qu'il a faict les marches et payements as plusieurs « personnes — Au cherpentier qui a faict la cherpenterie du petit lieu ou sont « assises les dites orgues 51 sols 6 deniers — A Meherault 27 sols 2 deniers (il « était serrurier) — A Chevalier qui a pavé le dit lieu 76 sols 8 deniers — A ceulx « quy ont ayde a descendre le boys des orgues 3 sols — A ung maçon 6 sols « 6 deniers — En vin a lorganiste 17 sols 2 deniers — A Chevalier et Christofle « Loret 4 sols — En boys rouge pour mettre aux orgues 10 deniers — En deux « bastons de pin et en clou 12 deniers — En boys achepte de Pierre Le Hayer « 16 sols — A Cabaret pour avoir doré les dites orgues 20 sols — A François

organiste. Cette modique rétribution nous fait croire que ces orgues n'étaient entendues qu'aux grandes fêtes de l'année. Elles furent remplacées en 1537.

Nous avons montré, dans une notice sur les orgues [1], que le buffet actuel, dont les fines découpures se détachent sur le vitrail qui leur sert de fond, avait été construit dans la même année par Gracien de Cailly [2], Symon Le Vasseur, « organistes et faiseurs d'orgues », et Jehan de Mathoust, menuisier.

Quant aux vitraux qui ornent les hautes fenêtres de la nef, une tradition populaire les attribuait à « un peintre suisse de nation ».

Les comptes de Notre-Dame ne pouvaient nous renseigner, ni sur les noms des artistes qui les avaient exécutés, ni sur le prix de leur façon, puisque les registres de cette église n'existent plus de 1516 à 1557.

Nous avons alors dirigé nos recherches dans les archives des notaires; après avoir compulsé tous les registres de 1454 à 1560, nous avons découvert *deux marchés* donnant des détails sur ces vitraux, et nous pouvons affirmer qu'eux seuls sont consignés dans les actes du tabellionage d'Alençon.

On sait qu'au seizième siècle la peinture sur verre était arrivée à son plus haut degré de perfection; les plus beaux vitraux faits en vue de la décoration des églises datent de la première moitié du seizième siècle. Les onze verrières de Notre-Dame forment une des belles galeries de cette époque et ne peuvent être l'œuvre d'un seul artiste. Il suffit, en effet, de regarder avec quelque attention l'ensemble de ces vitrines pour être frappé des différences tranchées du dessin et du coloris de chacun des côtés.

Cette galerie de « *vitres historiées* » présente à gauche de simples croquis noyés dans une surabondance de couleurs très vives;

« Broussard en or fin courole de soie et quatre sonnettes 58 sols 4 deniers — En « menuiserie 75 sols — A Pierre Maloisel pour estain 10 livres — Au maistre « organiste qui a repare les orgues 30 livres. »

[1] *Les Orgues de Notre-Dame d'Alençon*, 1888.

[2] En 1564, Gracien de Cailly passa, avec Gracien Lefevre, organiste de Notre-Dame d'Alençon, deux journées pour « racoustrer et remettre en point les orgues « de la dite église qui avaient été endommagées et fracassées aux précédents « troubles »; ils reçurent, d'après leur quittance du 15 avril 1564, la somme de 50 sols. On paya aussi la somme de 8 livres 14 sols pour rentrer en possession de tuyaux enlevés par des soldats. (Comptes de Notre-Dame, Archives de l'Orne.)

à droite et au-dessus de l'orgue, des dessins arrêtés au milieu de nuances d'un éclat tout différent des précédents.

Le vitrail de l'orgue et les cinq verrières du côté droit retracent les épisodes que l'Église a consacrés dans la vie de la Vierge.

Du côté de l'Évangile, on voit successivement, en se dirigeant vers le chœur, les verrières suivantes : la Création du monde; la Chute d'Adam, reproduite dans l'ouvrage de M. de Lasteyrie [1]; le Passage de la mer Rouge, donné en 1535 par Félix de Brye, abbé de Saint-Évroult et prieur de Notre-Dame d'Alençon; le Sacrifice d'Abraham; le Serpent d'airain.

Sur une photographie faite avant la restauration du vitrail représentant le Sacrifice d'Abraham, nous avons découvert la signature :

C'est à la gauche du dernier de ces vitraux (le Serpent d'airain) que l'on voit un personnage dans un costume François Ier représentant, dit-on, « *le Suisse de nation à qui l'on doit tous les vitraux de Notre-Dame* ».

Au-dessus de l'orgue est placé un vitrail plus chargé que tous les autres de couleurs brillantes; il représente la Nativité de la Vierge et les différents corps d'état appartenant à la confrérie de l'Angevine [2] sous la forme de trois petits groupes : celui des tanneurs, celui des cordonniers et celui des selliers. Les tanneurs avaient l'entretien de ce vitrail [3]. Une inscription en occupait le bas; on n'y déchiffre plus que les mots suivants : LAN MCCCCC VNZE LES CONFRERES DE LANGEVINE [4].

[1] Ouvrage traitant de la peinture sur verre.

[2] La confrérie de l'Angevine ou de la Nativité (8 septembre) était la confrérie des corps d'état où l'on travaillait le cuir : tanneurs, selliers, cordonniers, etc.

[3] En 1691, le 24 juillet, les trésoriers payèrent « 36 sols pour avoir fait signi-« fier aux tanneurs de cette ville comme quoi ilz sont obligez d'entretenir la « victre de dessus le portail ». (Comptes de Notre-Dame.)

[4] Inscription donnée par M. de La Sicotière dans une notice contenant la description de tous les vitraux de Notre-Dame. (*Bulletin monumental*, t. VIII, p. 105.) Nous tenons à remercier ici M. de La Sicotière de l'extrême obligeance qu'il a mise à nous communiquer les richesses de sa bibliothèque. C'est en examinant avec attention l'album de photographies qu'il possède, où sont reproduits tous les

Du côté de l'Épitre, on remarque dans le même ordre que pré-
cédemment : la Présentation au Temple ; le Mariage de la Vierge ;
la Descente de Croix ; l'Anonnciation et l'Assomption [1].

Ce dernier vitrail eut beaucoup à souffrir lors de l'incendie de
1744, et sa restauration n'a pas été heureuse : quelques-uns des
personnages, au premier plan, ont trop de raideur et ne répondent
point à la conception première. Le lit sur lequel la Vierge est
étendue est surmonté de rideaux élégamment drapés ; douze personnages assistent à ses derniers moments. A droite de ce sujet,
au deuxième plan, un homme à genoux sur un monticule élève
ses bras vers le ciel en regardant le nuage qui emporte la Vierge.
Nous transcrivons ici le marché de ce charmant vitrail.

« Devant les tabellions d'Alençon le quatorzième jour de fevrier
« MV^e XXX furent presents honneste homme et sage Maistre Adrien
« Gaullard tresaurier du tresor de lesglise Notre-Dame dAlençon
« pour luy et les aultres tresauriers du dit tresor d'une part, et
« Pierre Fourmentin victrier bourgeois dAlençon on faict marche
« en la maniere qui enssuyt cest assavoir que le dit Fourmentin
« sest submis s'oblige faire fournir assoir en la dite esglise de
« Notre Dame... Une bonne et suffisante victre Hystoriee de
« lAssomption dicelle dame fleurye et garnye de toutes choses
« requises et appartenance de Riches verres de couleur le tout
« jouant le pourtraict ordonne que le dit Fourmentin sera tenu
« faire et bailler aux ditz tresauriers dedans troys sepmaines pro-
« chainement venant et le dict pourtraict ordonne veue par le dit
« tresaurier et ses compaignons sera a leur option de lentreprise
« ou non de la dite victre enrichye des choses appartenantes ainsi
« que a riche verrerye appartenantes. Aussi bien ou mieulx que
« celles que le dit Fourmentin a naguere assises en la dite esglise.
« Laquelle victre il sera subject rendre preste assise en place dedans
« le dernier jour de may prochainement venant en la peine de
« six livres en cas de deffault sil ne le pouvait pour cause legitime
« que de maladye ou choses semblables. Et pour ce faire fournir le
« tout par le dit Fourmentin. Et les dits tresauriers luy ont promis

---

vitraux de Notre-Dame avant leur restauration, que nous avons découvert là signature MF^{tin}, donnée ci-dessus.

[1] Il est à remarquer que dans la disposition des vitraux l'ordre chronologique
n'a pas été observé.

« payer la somme de cent livres et ils advenceront sur gaiges la
« somme de vingt livres payee a luy ou a ses gens et compaignons
« ainsi quilz besongneront et que icelui Fourmentin en baillera...
« A la charge que icelui Fourmentin aura cinquante sols pour ayder
« a faire les despences et assoir la dite victre a la subjection des
« chauffaulx (échafauds) que le dit Fourmentin s'oblige payer...
« Es presences de Jacques Thaulnay et de Jehan Desbois [1]. »

Le dessin fut admis et le travail commandé à Pierre Fourmentin, ainsi que le prouve une attestation en marge de ce
marché.

Pierre Fourmentin, d'après ce qui précède, aurait exécuté,
avant 1530, au moins deux autres vitraux, puisqu'il s'engageait à
faire, à cette date, « une victre historiee aussi bien ou même mieulx
« que celles qu'il avait naguere assises en cette église [2] ». Quelles
peuvent être les autres verrières exécutées par Pierre Fourmentin
avant 1530? Eu égard aux conclusions que nous avons tirées de
l'examen général de cette galerie, il ne faut rechercher la solution
de ce problème que dans les vitraux placés du même côté que celui
dont nous venons de lire le marché; le mode de groupement,
l'ordonnance de la mise en scène, la composition de la portion
supérieure des verrières, le coloris plus encore que le dessin vont
rapprocher de l'Assomption la Présentation au temple, le Mariage
et la Nativité de la Vierge. Doit-on considérer ces trois derniers
vitraux comme ceux que Pierre Fourmentin avait *assis naguère
en cette église?* Tout porte à le croire. Nous n'insisterons pas
davantage sur cette déduction; contentons-nous de rapprocher dans
une dernière comparaison le petit sujet de la Nativité de celui de
l'enlèvement de la Vierge qui sont comme de petits tableaux séparés
de l'action principale, de rappeler aussi la disposition similaire

[1] Tabellionage d'Alençon, étude de Me Cohu.
[2] Par un acte passé le 9 avril avant Pâques 1530, nous avons la preuve que
dès 1529 Pierre Fourmentin exécutait pour l'église Notre-Dame d'Alençon une
de ces vitres historiées. Cet acte est ainsi conçu : « Devant les tabellions d'Alen-
« çon le 9 avril 1529 fut présent Pierre Fourmentin lequel quitta a honneste
« homme Joachim Picquart tresorier d'Alençon quatre livres cinq sols a deduire
« sur le prix de une victre par luy entreprise faire a lesglise Notre-Dame d'Alen-
« çon et ce au moien de ce que le dit Picquart a paye pareille somme à Jacques
« Barrier que luy debvoit le dit Fourmentin pour vendicion de plon. Presents
« Maistre Guillaume Davarant, Guillaume Le Hayer, Jacques Barrier. »

des personnages qui se pressent soit aux abords des temples, soit au chevet de la Vierge.

Pierre Fourmentin était vraiment un maître, et les vitraux qu'il fit pour Notre-Dame d'Alençon sont suffisants pour le classer parmi les plus habiles peintres-verriers du seizième siècle. Il était originaire d'Alençon et est décédé vers 1563.

Nous avons à parler maintenant de deux autres vitraux, celui de la Descente de Croix et celui de l'Annonciation.

Ces deux verrières sont d'une facture absolument différente des autres : le dessin en est très net, la composition beaucoup plus simple, les personnages y sont en petit nombre, mais très bien groupés.

Celui de l'Annonciation fut commandé à Berthin Duval, demeurant au Mans, par un marché ainsi conçu : « Le 2 octobre MV^cXXXI « comme accord et marche a este faict par entre venerable personne « Maistre Nicolas Le Renvoize au nom et comme thesaurier du « tresor de leglise paroissiale de Notre-Dame du dit Alençon dune « part et Berthin Duval victrier demeurant au Mans d'autre part, « accord faict en la maniere quy enssuyt cest asscavoir que le dit « Berthin Duval a prins sest submiz oblige faire fournir et assoir « une victre en la dite eglise Notre Dame. Laquelle victre sera « Historyee de l'Adnonciation Conception Notre Dame jouant « l'ordonnance du pourtraict admys baille par le dit Berthin Duval « qui a este signe des sieurs tresauriers. Lequel pourtraict ordonne « le dit Berthin soblige enrychir la dicte victre et fournir de toutes « choses requises et necessaires de ferrure et de verrerye de riches « couleurs a ce requises et laquelle victre il promet rendre preste « assise en place dedans la feste de Pasques prochainement venant « et pour ce faict luy est accorde et promys la somme de cent dix « livres. Le dit Duval a confesse avoir reçu des dits tresauriers la « somme de dix livres. A la reception luy sera payee par les dits « tresauriers la dicte victre faite et assise... Presents Raoul Legros, « François Froumentin [1] et Jehan Morel. »

Le vitrail représentant la descente de croix se rapproche beaucoup de celui dont nous venons de voir le marché par les arcades

[1] Nous trouvons indistinctement, dans les actes du tabellionage d'Alençon, les noms de Fourmentin, Froumentin et Fromentin pour ne désigner qu'une seule et même famille, celle des Fromentin.

rondes qui en occupent le fond, la grandeur des personnages, le dessin correct : il doit être aussi l'œuvre de Berthin Duval. Au reste, ces deux vitraux peuvent être comptés parmi les plus beaux et les plus soignés de cette galerie.

Nous savons donc maintenant que Pierre Fourmentin et Berthin Duval sont les peintres-vitriers auxquels on doit attribuer les verrières représentant les épisodes de la vie de la Vierge.

La signature

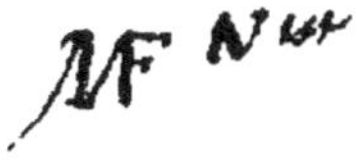

relevée sur une des fenêtres du côté de l'Évangile (le Sacrifice d'Abraham) doit être celle de Michel Froumentin, fils de Pierre Fourmentin, peintre et vitrier à Alençon comme son père.

Nous donnons ci-dessous la signature de Michel Froumentin telle que nous l'avons relevée dans les actes.

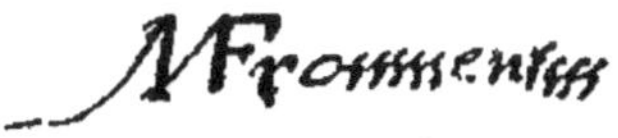

Par les marchés et la signature abrégée que nous avons découverts nous savons désormais que les plus riches verrières des hautes fenêtres de la nef ne furent point l'œuvre d'un étranger, mais bien celle d'artistes français.

NOMENCLATURE DES PEINTRES, PEINTRES-VITRIERS

AUX QUINZIÈME ET SEIZIÈME SIÈCLES [1]

1453. — ROULLAND (Perrin), peintre-vitrier, bourgeois d'Alençon, administrateur de la confrérie de Toussaint fondée en l'église ou chapelle de Monsieur Saint-Léonard d'Alençon; vendit, le 2 mars 1454, six sols de rente. (Tabell. d'Alençon.)

---

[1] Les dates que nous donnons en marge sont celles où, pour la première fois, nous trouvons indiqués dans les registres des notaires les noms de ces artisans, artistes pour la plupart.

1453. — Juissel (Jean), peintre-vitrier, bourgeois d'Alençon, administrateur de la confrérie de Toussaint, fondée en l'église de de Saint-Léonard d'Alençon, épousa Robine de Lanchal, fille de Perrin de Lanchal et de Jeanne Dudoyt. (Tabell. d'Alençon.)

1506. — Juissel (Robin), peintre-vitrier, bourgeois d'Alençon, fils du précédent; acheta en son nom et à celui de Jean Tabur son gendre, de Pierre Fourmentin, vitrier, une pièce de terre le 14 juin 1537. (Tabell. d'Alençon.)

Il est décédé vers 1545.

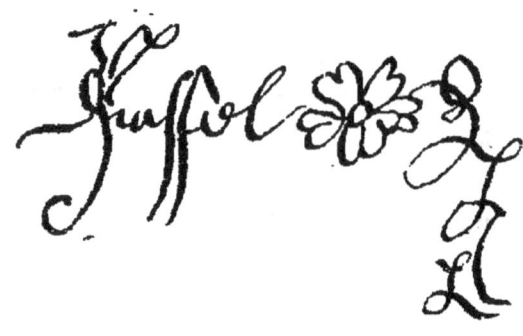

1516. — Juissel (Guillaume), peintre-vitrier, frère du précédent. En 1516, les deux frères s'engagèrent à faire leur vie durant des réparations pour Notre-Dame, mais l'Inventaire des titres de Notre-Dame qui rappelle l'acte passé devant les tabellions, le 14 avril après Pâques, n'en spécifie pas au juste la nature.

Au seizième siècle, les peintres-vitriers étaient chargés parfois de confectionner ou de réparer les accessoires que réclamaient les cérémonies religieuses. Ainsi nous trouvons, en 1508, dans les comptes de l'église Notre-Dame, la note suivante : « Payé aux « painctres qui ont faict des langues de feu et ung pigeon pour le « jour de la Pentecoste la somme de cinq sols. » Guillaume Juissel était décédé le 19 février 1538, date du partage de sa succession. (Tabell. d'Alençon.)

1518. — Fourmentin (Pierre), peintre-vitrier, bourgeois d'Alençon, fils de Jean Fourmentin l'aîné; épousa Eustache de la Chaize. C'est à cet artiste que l'on doit attribuer les plus beaux vitraux de Notre-Dame d'Alençon. Pierre Fourmentin était présent à la reddition des comptes de Notre-Dame, le 22 août 1559; et, le 5 sep-

tembre 1565, ses six enfants se partageaient sa succession. (Tabell.
d'Alençon.)

1555. — FOURMENTIN (Michel), peintre-vitrier, bourgeois d'Alençon, fils du précédent, fut initié par son père dans l'art de la peinture. Il épousa, par contrat du 8 mars 1570, Françoise de Boyville,
fille de René de Boyville, sieur de la Pesantière, et de Pasquière
Taulpin. On doit lui attribuer le *Sacrifice d'Abraham,* un des plus
beaux vitraux du côté de l'Évangile. C'est sur une reproduction pho-
tographique de ce vitrail, antérieure à sa restauration, que nous
avons découvert la signature de cet artiste. La partie du vitrail qui
possédait cet important document historique a été refaite entière-
ment, et malheureusement la signature n'a pas été reproduite dans
la restauration. En 1566, maître Michel Fourmentin, vitrier, recevait des trésoriers de Notre-Dame la somme de sept livres pour
« avoir rabillé les victres du revestière qui avaient été cassées pen-
« dant les troubles ».

Maître Michel Fourmentin, marchand, peintre-vitrier, bourgeois d'Alençon, signait encore au contrat de mariage de son fils,
le 31 décembre 1617, à l'insinuation le 16 juillet 1618; et le
5 juillet 1619, avait lieu entre ses cinq enfants le partage de ses
biens qui consistaient en une maison, sise à Alençon, Grande-Rue,
plusieurs métairies et terres dans le Maine, dans les paroisses de

. Condé, de Saint-Denis, de Pacé, avec droit de colombier dans cette dernière paroisse « au lieu dit la Fromentinière ».

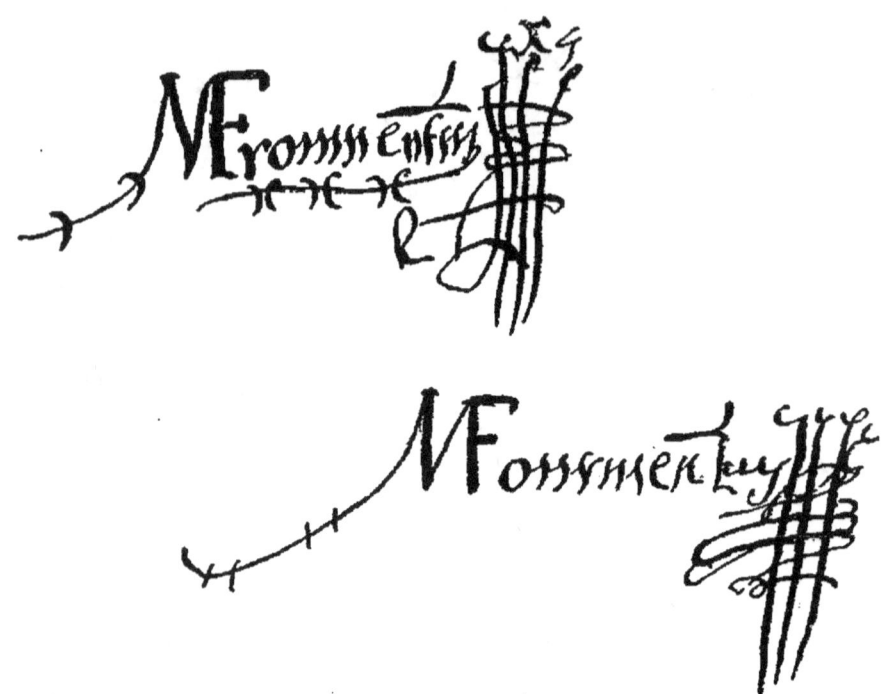

Michel Frómentin signa Fourmentin jusque vers 1600, et invariablement après, Froumentin.

1529. — LECLERC (Pierre), peintre-vitrier, « transporta, le « 15 novembre 1529, à Robert Regnault la somme de dix livres « partie de plus grande somme contenue en ung contrat du faict « des tresauriers de Notre-Dame d'Alençon ». (Tabell. d'Alençon.)

1529. — GODEVILLE (Robert), peintre-vitrier. Dans un acte du 18 octobre 1529, « Pierre Fourmentin, victrier, bourgeois d'Alen-« çon, vend à Robert Godeville, aussi victrier, demeurant de pre-« sent a Alençon, une robe de drap noir, a usage dhomme, fourree « de penne noir, laquelle robe ledit Fourmentin a veue de nous « luy a baillée et livrée et que ycelui Godeville a prinse et acheptée « la somme de vingt livres. Ledit Fourmentin s'est tenu content « du transport de vingt livres que le dit Godeville dit luy estre · « due par les *tresauriers de Notre-Dame pour reste de plus* « *grande somme.* » (Tabell. d'Alençon.)

1530. — LEBOURLIER (Jean), peintre-vitrier, fils de François

Lebourlier de la paroisse de Condé (C^ne située à 4 kil. d'Alençon).
Habita Alençon vers 1534. (Tabell. d'Alençon.)

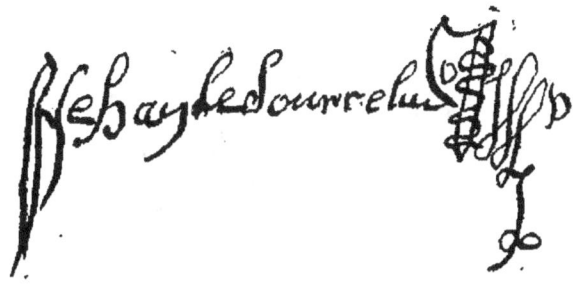

1532. — BOUESTARD (Mathurin), peintre-vitrier, bourgeois
d'Alençon, épousa Manette Seurin. Reçut, en 1558, des trésoriers
de Notre-Dame la somme de 26 livres « par avoir racoustre les
« victres cassées tant haultes que basses ».

Il est décédé avant le 8 mai 1573. (Tabell. d'Alençon.)

1532. — DYPRÉ (Guillaume), peintre-vitrier, demeurant à
Alençon, le 4 février 1532, fit à cette date l'accord suivant :
« Entre Mess. Richard Auvray, prestre, et Mess. Jehan Lebouc aussi
« prestre et Guillaume Dypre, painctre, demeurant a present a
« Alençon. Les dits Lebouc et Dypre se sont submis et obligez
« ensembles et chacun pour le tout estoffer une ymaige en façon
« dange en la maniere qui ensuict cest assavoir, que la tunique
« du dit ymaige sera estoffee de fin or bruny, les franches de la
« tunique dor mat, les ailes dor paly, le visaige de incarnat, pour
« les mains et les pieds de quelques bonnes couleurs et le livre
« sur les mains dudit ange de quelquautre belle couleur, le tout
« prest rendu a Pasques prochainement venant et ce pour la
« somme de dix livres. » (Tabell. d'Alençon.)

Guillaume Dypré reçut 11 livres « pour avoir painct et faict une
« pentacion au grand autel de l'église de Saint-Denys (sur Sarthon)
« et avoir faict sur une lyte ntour de l'esglise les armoiries de
« defunct Noble Pierre Dumesnil, sieur de Saint-Denis et de
« Chahains, lors de ses funebres obsequez ». (Tabell. d'Alençon,
9 décembre 1554.)

Le 29 juillet 1569, devant les tabellions d'Alençon, Guillaume
Dypré donnait à Abraham Dypré, son fils aîné, tous ses biens
meubles et héritages situés faubourg « Saint-Blays » à Alençon,

afin de pouvoir demeurer avec lui, ne pouvant rester seul à cause
« de son antiquité, foiblesse et décrepité ». Il est décédé vers 1571.

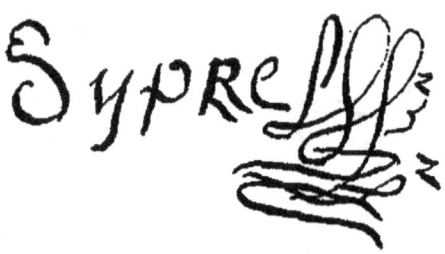

1562. — Dypré (Abraham), peintre, bourgeois d'Alençon, fils
aîné du précédent, épousa (cᵗ 2 avril 1578) Jacquine Gaullard,
veuve d'Antoine Rouillon, *sommelier d'échanssonnerie de la reine
de Navarre.* En 1564, il peignit « lymaige de Notre-Dame placée
au grand autel ». (Comptes de Notre-Dame, 1564.)

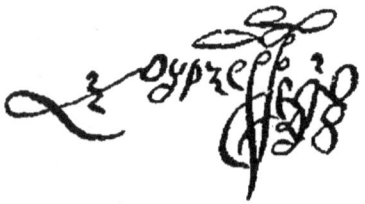

1562. — Dipré (Guillaume), peintre-vitrier, frère du précédent.

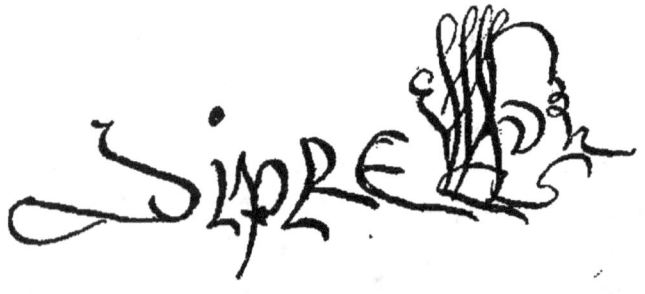

1585. — Rouillon (Moïse), peintre, bourgeois d'Alençon, fils
d'Antoine Rouillon, « chef des échansonniers de la feue royne de
« Navarre mère du Roy a present regnant » et de Jacquine Gaul-
lard ; épousa Marie Quillel, veuve de Michel Cardel sieur des
Marettes, fille de Jean Quillel, sieur de la Chapelle, et de Andrée
Graindorge. (Contrat, 27 novembre 1597, tabell. d'Alençon.)
Formé par Abraham Dypré, son beau-père, il composa pour
l'église Notre-Dame « le contre autel en tableau ou est peinte

« l'Histoire de l'Assomption de Notre-Dame et pour ce reçut
« 36 livres ». (Comptes de Notre-Dame.)

Il est décédé vers 1601.

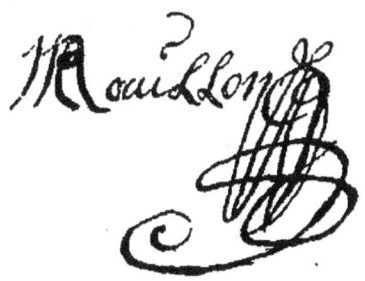

1585. — Abot (Jean), peintre-vitrier, bourgeois d'Argentan, fils
de maître Geoffroy Abot, peintre-vitrier, bourgeois d'Argentan;
demeurait à Alençon lors de son mariage avec Louise Bizot, fille de
Christophe et de Louise Duperche. (Contrat, 28 décembre 1585.)
On trouve dans les comptes de Notre-Dame de 1599 à 1604 :
« Payé a Jehan Abot, peintre, quatre livres dix sols pour avoir
« refaict et racoustre la croix du cymetiere — cent sols pour avoir
« paient (sic) en plusieurs couleurs et escriptures en lettres dor ce
« qui estoit necessaire a la dicte croix et avoir faict et peint le cru-
« cifix de Notre-Dame estant au croisillon — sept livres dix sols
« pour avoir faict troys penneaulx neufs et releve deux penneaulx
« vieulx auxquels il a mis plusieurs lozanges et aultres choses
« comprinses dans sa quittance du 12 juin 1600. » En marge est
écrit « néant n'a rien voulu toucher ». (Archives de l'Orne.)

Maître Jean Abot, peintre à Alençon, fut inhumé le 14 février 1640.

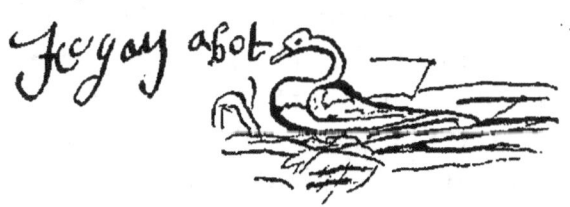

1610. — Abot (Nicolas), peintre-vitrier, fils du précédent, né à
Alençon; travailla pour l'église Notre-Dame. On trouve dans les
comptes de l'église la note suivante : « Paye quatre livres cinq sols
« a Nicolas Abot, pour avoir releve de voirre peint estant assiste
« d'un couvreur et avoir fourny plusieurs pieces de voirre aux
« aultres formes du hault. — Paye dix sols pour avoir peint
« les deux pommelettes de la banniere. » (Archives de l'Orne.)

Nicolas Abot fut inhumé à Alençon, le 24 février 1659.

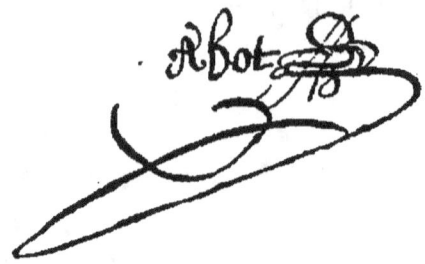

1615. — ABOT (Charles), peintre-vitrier, frère du précédent, né à Alençon; épousa Marie Le Damoisel. Il reçut 100 sols pour avoir « fourny ung penneau a la victre de la chapelle du Rosaire « et y avoir mis quantités de lozenges plom et mortier. — Sept livres « pour avoir racoustre les victres de la chapelle du Rosaire. » (Comptes de Notre-Dame, 1640 à 1641. Archives de l'Orne.)

Il fut inhumé à Alençon, le 17 mars 1662.

1615. — ABOT (Pierre), peintre, frère du précédent, épousa Antoinette Trezain.

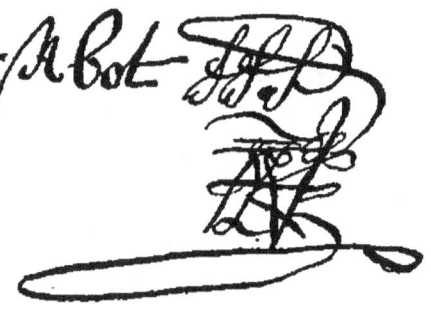

De Geoffroy ABOT, peintre-vitrier à Argentan, sont issus : 1° Jean Abot, peintre-vitrier, cité plus haut; 2° Geoffroy Abot, peintre, marié à Alençon à Renée Lemoyne, fille de défunt Jean Lemoyne et de Jeanne Chappelain. Contrat le 21 avril 1593 (tabell. d'Alençon); 3° Bertrand Abot; 4° Guillaume Abot, peintre-vitrier à Argentan. En 1632, « de l'avis de tous les paroissiens d'Argentan, « le travail des vitres non placées fut alloué à un peintre-vitrier « de la ville, appelé Guillaume Abot. Il exécuta cinq fenêtres laté- « rales du chœur de l'église Saint-Germain d'Argentan[1]. »

On ignorait à quelle famille il appartenait; nous venons de voir qu'il était fils de maître Geoffroy Abot, peintre-vitrier à Argentan,

[1] *Saint-Germain d'Argentan*, par l'abbé LAURENT. 1859.

dans la dernière moitié du seizième siècle. Il est présumable que maître Geoffroy Abot ne fut pas étranger à la confection des beaux vitraux de Saint-Martin d'Argentan.

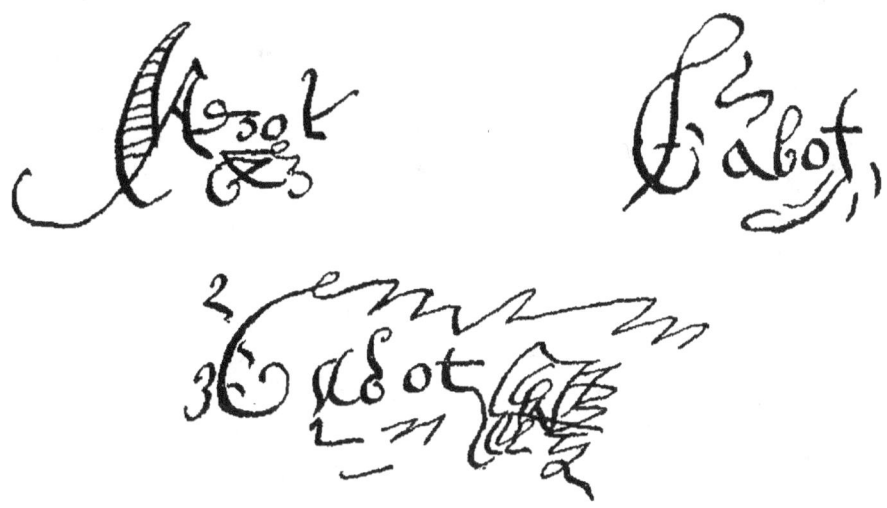

Les trois signatures ci-dessus sont celles de Guillaume et des Geoffroy Abot.

1599. — PILLARD (Gilles), peintre-vitrier, fils de Marin Pillard, potier, bourgeois d'Alençon, et de Macée Janvier du Mans; épousa Marguerite Perou. Il apprit au Mans l'art de la peinture et de la vitrerie; plus tard, il parcourut différentes villes afin de se perfectionner dans son art, et revint habiter Alençon, où il exerça sa profession.

Le 10 décembre 1627, il reçut de « Jehan Lesage, cidevant tre-« saurier de l'église Notre-Dame, le reste dune somme de cent « quatre vingt livres qui lui était due pour la refaction de cinq « grandes formes de vitres dans la dite église du coste du Prieuré « et granche a dime ». (Tabell. d'Alençon.)

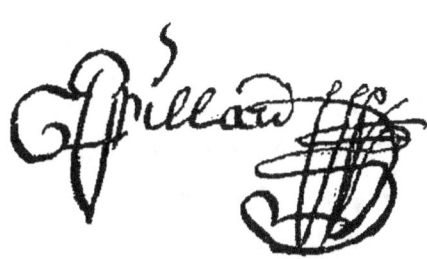

1623. — PILLARD (Jacques), peintre-vitrier, fils du précédent, épousa Françoise Radiguė. (Contrat, 23 septembre 1628.) En 1631, le 9 décembre, il s'obligea envers « Magdelaine Turbé veuve de

« Jean Dubois a montrer le dit art de la peinture en toutes choses,
« pendant deux ans moyennant quarante livres par an, a Abraham
« Dubois, fils de la dite veuve ». (Tabell. d'Alençon.)

L'élève profita des quelques leçons du maître; en 1666, il fut
commandé à Abraham Dubois, peintre d'Alençon, deux tableaux
pour l'église Notre-Dame, « l'un représentant la Cène et l'autre
« Jésus au Jardin des Oliviers ».

Ces deux tableaux se trouvent désignés dans la vente faite, le 3 fruc-
tidor an III, des objets ayant appartenu aux églises. La Cène fut
vendue 235 livres, et Jésus au Jardin des Oliviers 101 livres.

Abraham Dubois avait pour frère maître Jean Dubois, peintre,
qui se fixa à Paris.

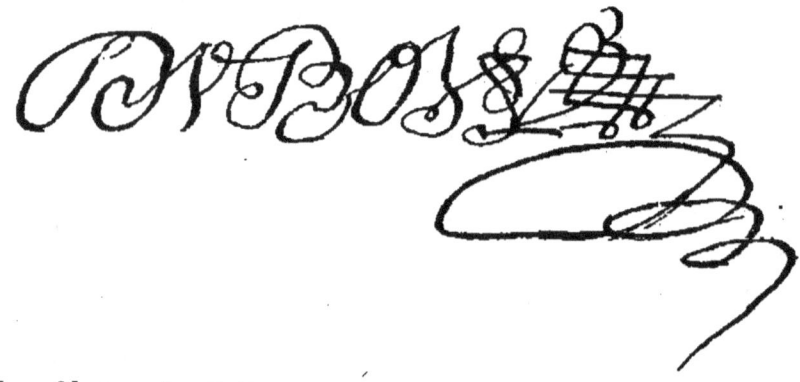

Les Abot et les Pillard ont donné pendant plus d'un siècle des
peintres et des sculpteurs à Alençon et à Argentan.

A l'exception de Pierre Leclerc, Robert Godeville et Guillaume
Dypré, tous les noms d'artistes cités dans cette nomenclature appar-
tiennent à des anciennes familles d'Alençon. Dès le quinzième siècle, celle des Fromentin était établie en cette ville et dans
les paroisses environnantes, Pacé, Semallé, Condé, etc., et for-
mait déjà plusieurs branches : de Pierre Fourmentin, vitrier
en 1519, fils de Jean Fourmentin l'aîné, sont issus les Fromentin,
sieurs de la Chapelle et de la Fromentinière [1]. De Jean Fourmentin
le jeune, sont descendus les ancêtres de Pierre-Jacques Fromentin,
né à Alençon, le 2 août 1754, promu général d'une des divisions
de l'armée du Nord, le 22 septembre 1793.

Alençon, le 3 mars 1891.

[1] Ces surnoms proviennent d'héritages situés commune de Pacé (Orne).

PARIS. — TYPOGRAPHIE DE E. PLON, NOURRIT ET Cie, RUE GARANCIÈRE, 8.

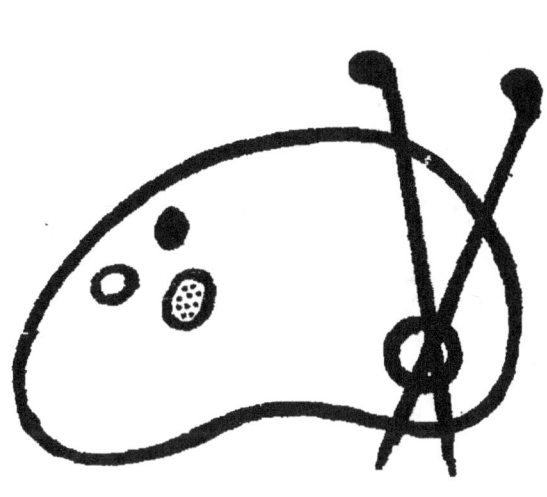

Original en couleur

NF Z 43-120-8

www.ingramcontent.com/pod-product-compliance
Lightning Source LLC
Chambersburg PA
CBHW030127230526

45469CB00005B/1831